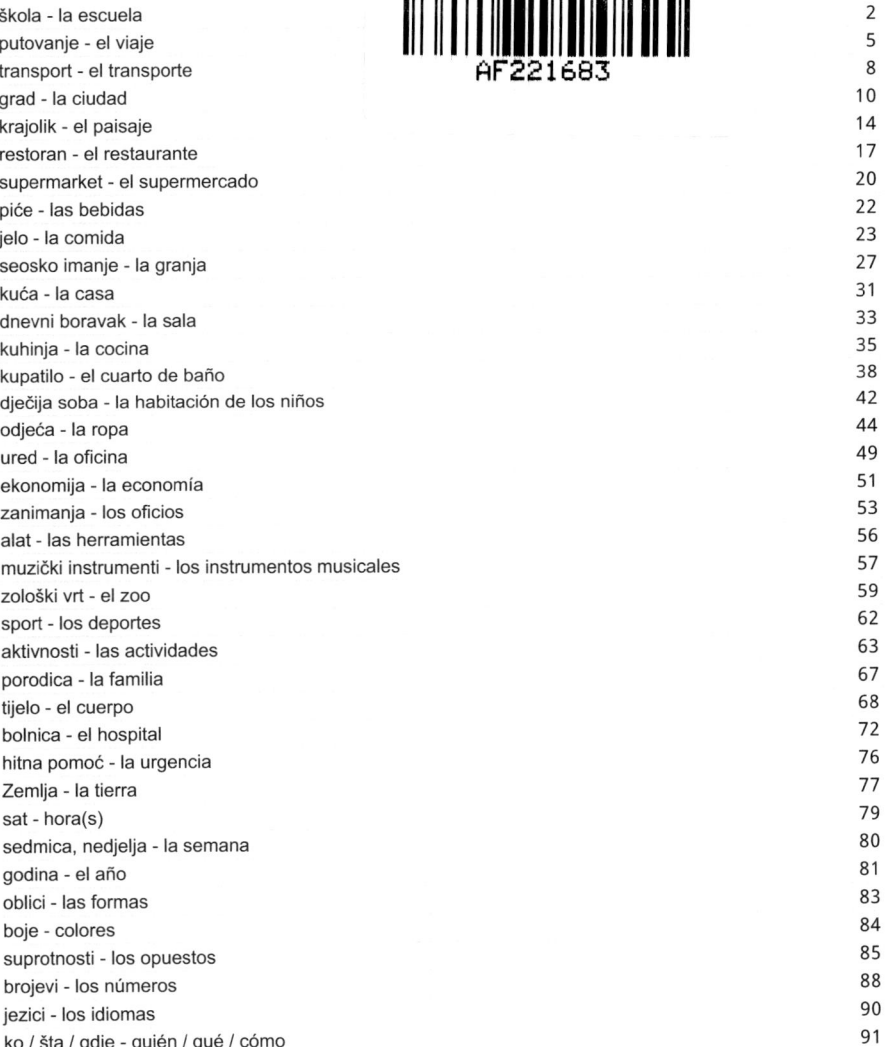

AF221683

Impressum
Verlag: BABADADA GmbH, Nedderfeld 112 , 22529 Hamburg
Geschäftsführer / Verlagsleitung: Harald Hof
Druck: Books on Demand GmbH, In de Tarpen 42, 22848 Norderstedt

Imprint
Publisher: BABADADA GmbH, Nedderfeld 112 , 22529 Hamburg, Germany
Managing Director / Publishing direction: Harald Hof
Print: Books on Demand GmbH, In de Tarpen 42, 22848 Norderstedt, Germany

škola
la escuela

učionica
el aula

dijeliti
dividir

186/2

tabla
la pizarra

školsko dvorište
el patio

učitelj, nastavnik
el maestro/a

papir
el papel

pisati
escribir

olovka
el bolígrafo

pisaći sto
el escritoria

lenjir
la regla

knjiga
el libro

učenik
el alumno/a

torba

la cartera

pernica

la caja de lápices

drvena olovka

el lápiz

šiljalo za olovke

el sacapuntas

gumica

la goma de borrar

blok za crtanje

el cuaderno de dibujo

crtež

el dibujo

kist

el pincel

kutija s bojama

la caja de pinturas

makaze

las tijeras

ljepilo

el pegamento

vježbanka

el cuaderno de ejercicios

domaća zadaća

los deberes

broj

el número

sabirati

sumar

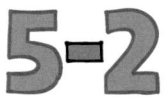

oduzimati

restar

množiti

multiplicar

računati

calcular

slovo

la letra

abeceda

el alfabeto

riječ

la palabra

tekst

el texto

čitati

leer

kreda

la tiza

sat

la lección

školski dnevnik

el cuaderno de notas

ispit

el examen

svjedočanstvo

el certificado

školska uniforma

el uniforme

izobrazba

la educación

leksikon

la enciclopedia

univerzitet

la universidad

mikroskop

el microscopio

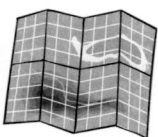

karta

el mapa

korpa za papir

la papelera

putovanje

el viaje

hotel
el hotel
Grand
hostel
el albergue
ROOMS
CHANGE
enjačnica
oficina de cambio de divisas
kofer
la maleta
auto
el coche

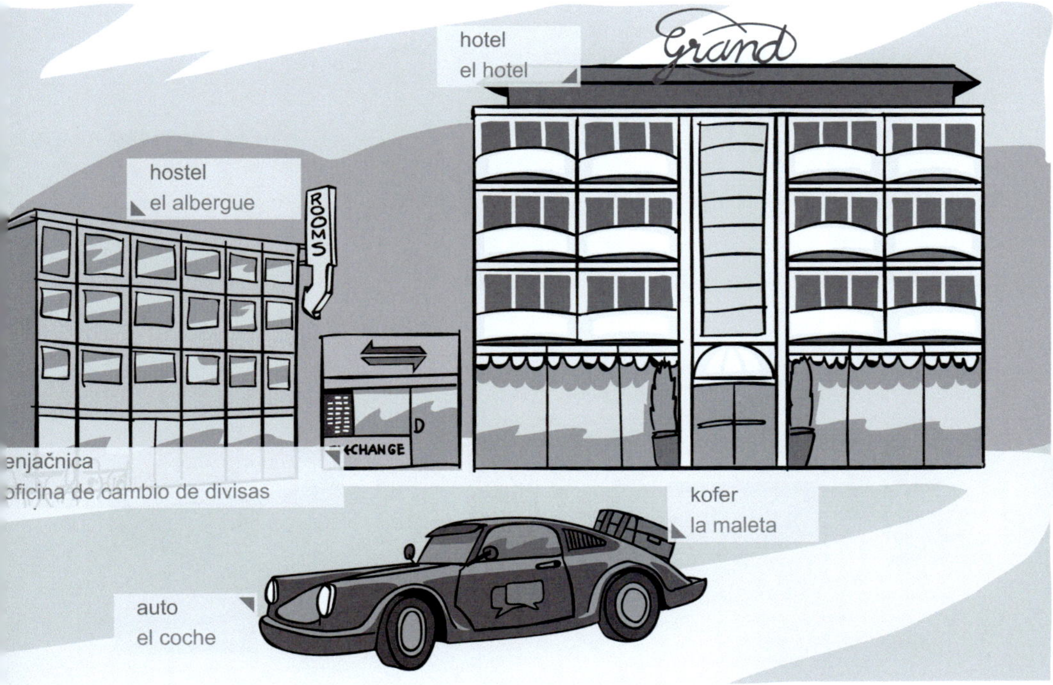

jezik

el idioma

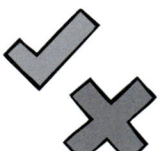

da / ne

sí / no

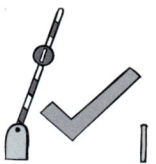

okej

Vale

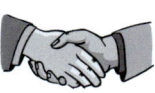

zdravo

hola

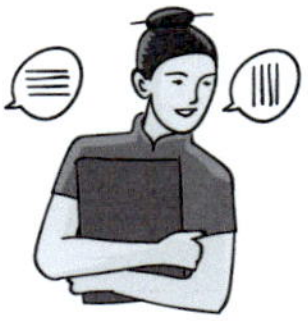

tumač

el traductor

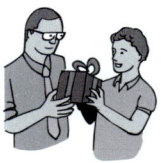

hvala

Gracias

Koliko košta...?

¿cuánto es…?

Ne razumijem

No entiendo

problem

el problema

dobro veče!

¡Buenas tardes!

Dobro jutro!

¡Buenos días!

Laku noć!

¡Buenas noches!

doviđenja

adiós

smjer

la dirección

prtljag

el equipaje

torba

la bolsa

ruksak

la mochila

gost

el invitado

soba

la habitación

vreća za spavanje

el saco de dormir

šator

la tienda de campaña

turističke informacije

la información turística

plaža

la playa

kreditna kartica

la tarjeta de crédito

doručak

el desayuno

ručak

el almuerzo

večera

la cena

putna karta

el billete

lift

el ascensor

poštanska markica

el sello

granica

la frontera

carina

la aduana

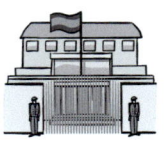

ambasada

la embajada

viza

la visa

pasoš

el pasaporte

transport
el transporte

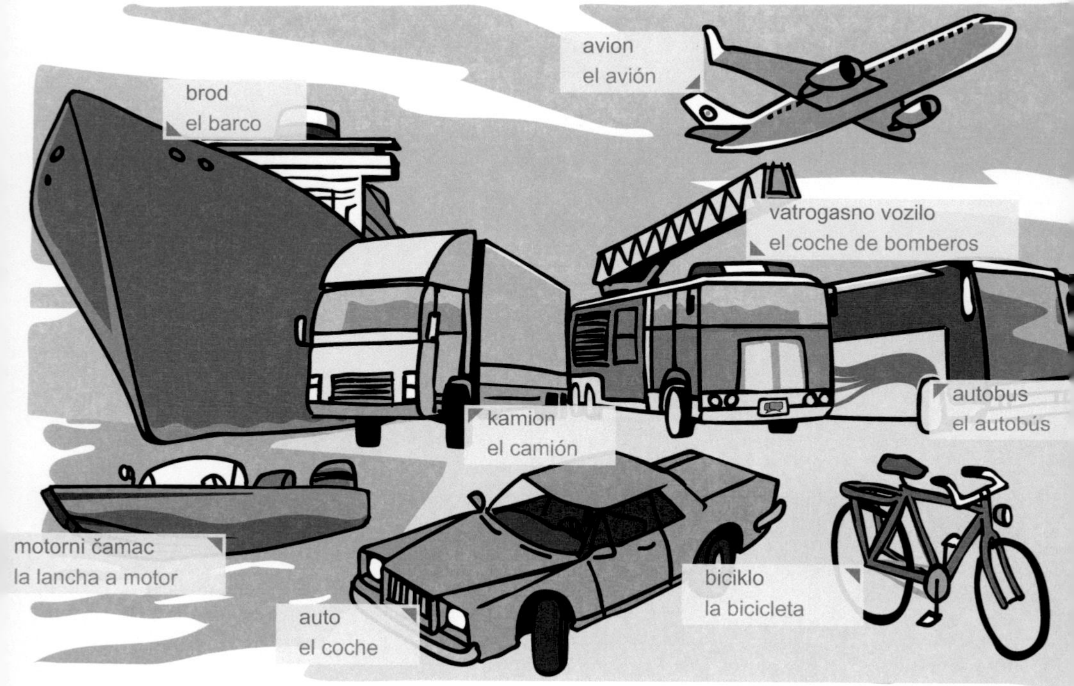
avion
el avión
brod
el barco
vatrogasno vozilo
el coche de bomberos
autobus
el autobús
kamion
el camión
motorni čamac
la lancha a motor
biciklo
la bicicleta
auto
el coche

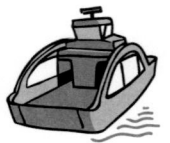

trajekt

el transbordador

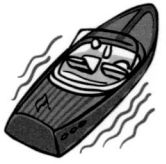

brod

la barca

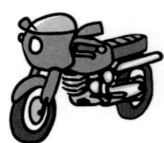

motocikl

la moto

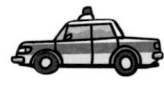

policijski automobil

el coche de policía

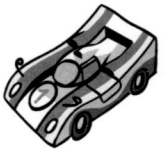

trkaći automobil

el coche de carreras

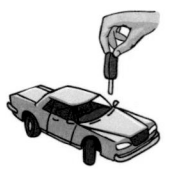

unajmljeni automobil

el coche de alquiler

kar-šering

el préstamo de vehículos

pauk

la grúa

smećarsko vozilo

el camión de la basura

motor

el motor

gorivo

la gasolina

benzinska pumpa

la gasolinera

saobraćajni znak

la señal de tráfico

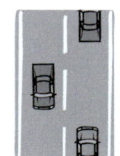

saobraćaj

el tráfico

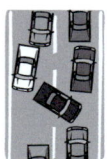

zastoj

el atasco

parking

el aparcamiento

željeznička stanica

la estación de tren

šine

las vías

voz

el tren

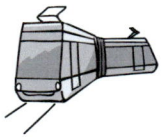

tramvaj

el tranvía

vagon

el vagón

helikopter

el helicóptero

aerodrom

el aeropuerto

toranj

la torre

putnik

el pasajero

kontejner

el contenedor

karton

la caja de cartón

tačke

la carretilla

korpa

la cesta

poletjeti / sletjeti

despegar / aterrizar

grad

la ciudad

selo

el pueblo

centar grada

el centro de la ciudad

kuća

la casa

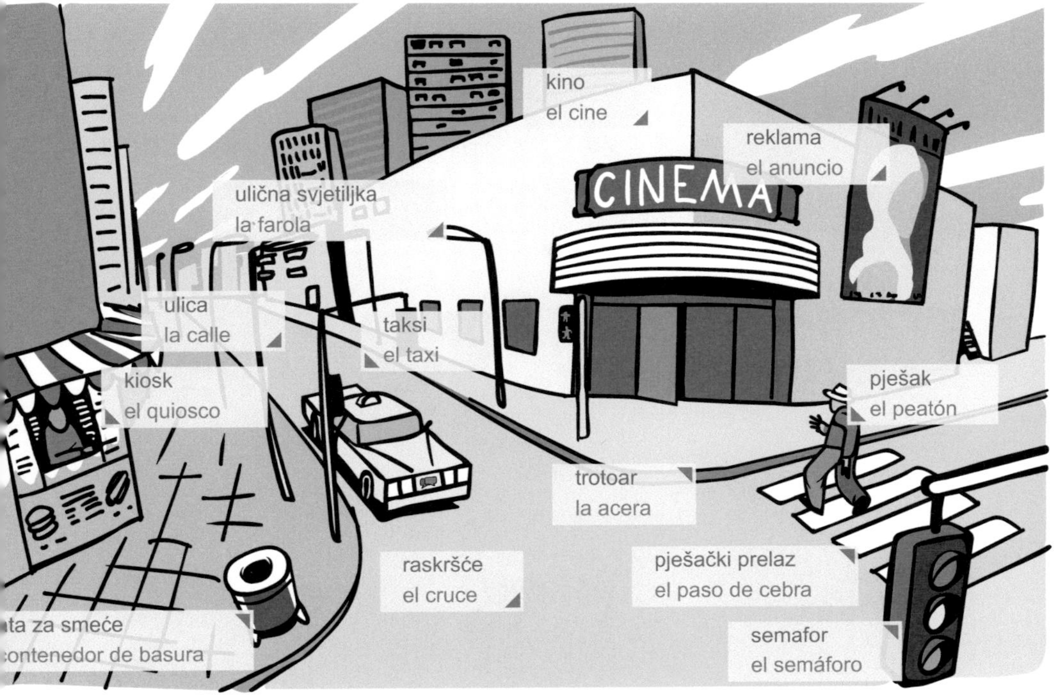

kino
el cine

reklama
el anuncio

ulična svjetiljka
la farola

ulica
la calle

taksi
el taxi

kiosk
el quiosco

pješak
el peatón

trotoar
la acera

raskršće
el cruce

pješački prelaz
el paso de cebra

semafor
el semáforo

...ta za smeće
...ontenedor de basura

koliba

la cabaña

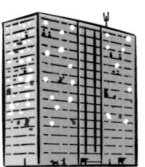

stan

el apartamento

željeznička stanica

la estación de tren

vjećnica

el ayuntamiento

muzej

el museo

škola

la escuela

grad - la ciudad

univerzitet

la universidad

banka

el banco

bolnica

el hospital

hotel

el hotel

apoteka

la farmacia

ured

la oficina

knjižara

la librería

radnja

la tienda de campaña

cvjećara

la floristería

supermarket

el supermercado

pijaca

el mercado

robna kuća

los grandes almacenes

prodavač ribe

la pescadería

trgovački centar

el centro comercial

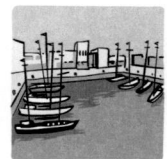

luka

el puerto

grad - la ciudad

park

el parque

klupa

el banco

most

el puente

stepenice

las escaleras

podzemna željeznica

el metro

tunel

el túnel

autobuska stanica

la parada de autobús

bar

el bar

restoran

el restaurante

poštanski sandučić

el buzón

saobraćajni znak

el poste indicador

sat za naplatu parkinga

el parquímetro

zološki vrt

el zoo

bazen

la piscina

džamija

la mezquita

seosko imanje

la granja

zagađenje okoline

la contaminación

groblje

el cementerio

crkva

la iglesia

igralište

el patio de juego

hram

el templo

krajolik
el paisaje

list
la hoja

putokaz
la señal

putokaz
el camino

livada
el prado

kamen
la piedra

drvo
el árbol

putnik
el excursionista

rijeka
el río

trava
la hierba

cvijet
la flor

dolina

el valle

brdo

la colina

jezero

el lago

šuma

el bosque

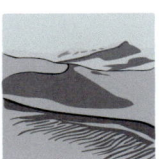

pustinja

el desierto

vulkan

el volcán

dvorac

el castillo

duga

el arcoíris

gljiva

el champiñón

palma

la palmera

komarac

el mosquito

muha

la mosca

mrav

la hormiga

pčela

la abeja

pauk

la araña

buba

el escarabajo

žaba

la rana

vjeverica

la ardilla

jež

el erizo

zec

la liebre

sova

la lechuza

ptica

el pájaro

labud

el cisne

divlja svinja

el jabalí

jelen

el ciervo

los

el alce

brana

la presa

vjetrenjača

la turbina eólica

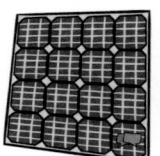

solarni modul

el panel solar

klima

el clima

restoran
el restaurante

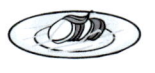

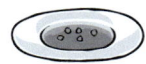

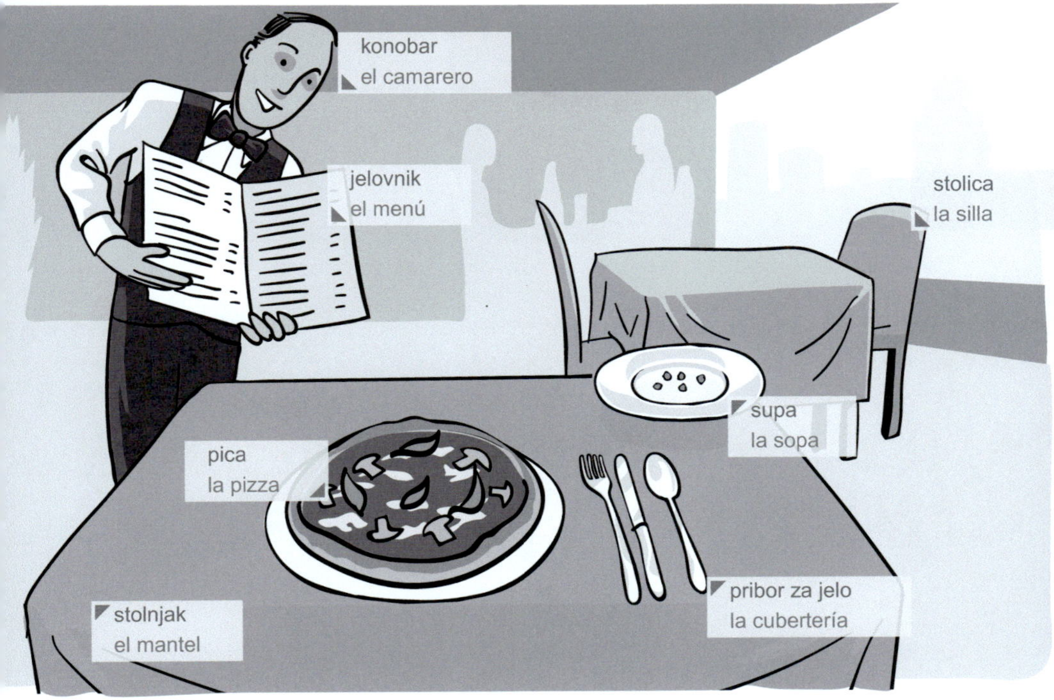
konobar
el camarero
jelovnik
el menú
stolica
la silla
supa
la sopa
pica
la pizza
pribor za jelo
la cubertería
stolnjak
el mantel

predjelo

el primer plato

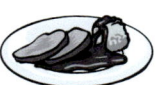

glavno jelo

el plato principal

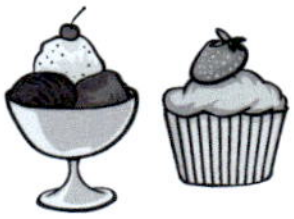

desert

el postre

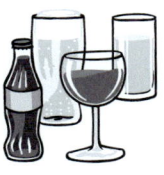

piće

las bebidas

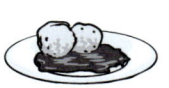

jelo

la comida

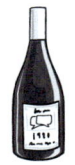

flaša

la botella

brza hrana

la comida rápida

jelo sa ulice

la comida callejera

čajnik

la tetera

šećernica

el azucarero

porcija

la porción

mašina za espreso

la cafetera expreso

barska stolica

la trona

račun

la cuenta

tacna

la bandeja

nož

el cuchillo

viljuška

el tenedor

kašika

la cuchara

kašičica

la cucharilla

salveta

la servilleta

čaša

el vaso

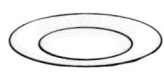

tanjir

el plato

tanjir za supu

el plato hondo

tanjurić

el platillo

sos

la salsa

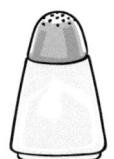

solanik

el salero

mlin za biber

el molinillo de pimienta

sirće

el vinagre

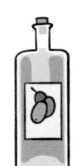

ulje

el aceite

začini

las especias

kečap

el ketchup

senf

la mostaza

majoneza

la mayonesa

supermarket
el supermercado

ponuda
la oferta especial
klijent
el cliente
mliječni proizvodi
los lácteos
kolica za kupovinu
el carro de compra
voće
la fruta
FOR

BUTCHERS

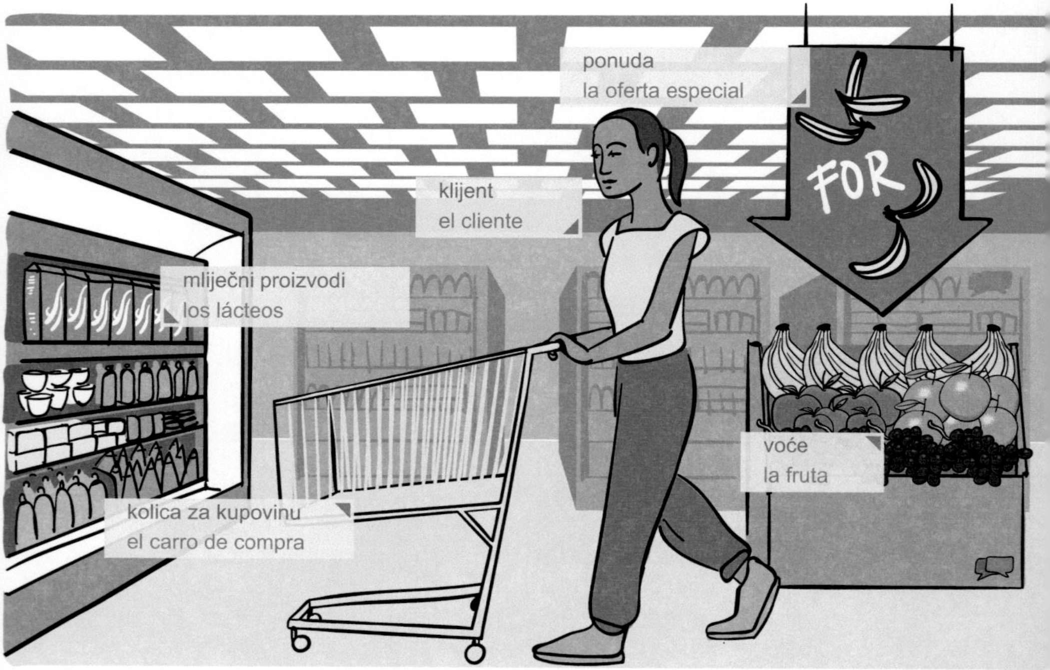

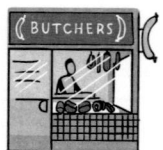

mesnica- klaonica

la carniceria

BAKERY

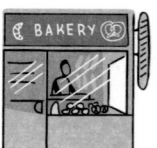

pekara

la panadería

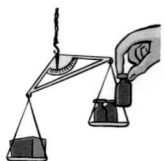

vagati

pesar

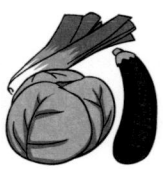

povrće

las verduras

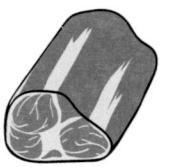

meso

la carne

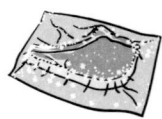

zaleđena hrana

los alimentos congelados

narezak

los fiambres

konzerve

las conservas

prašak za veš

el detergente en polvo

slatkiši

los dulces

kućanski proizvodi

productos de uso doméstico

sredstvo za čišćenje

productos de limpieza

prodavačica

la vendedora

kasa

la caja de cartón

blagajnik

el cajero

lista za kupovinu

la lista de la compra

radno vrijeme

el horario de atención al público

novčanik

la cartera

kreditna kartica

la tarjeta de crédito

torba

la bolsa de plástico

najlonska vrećica

la bolsa de plástico

voda

el agua

sok

el zumo

mlijeko

la leche

kola

la cola

vino

el vino

pivo

la cerveza

alkohol

el alcohol

kakao

el cacao

čaj

el té

kafa

el café

espreso

el expreso

kapućino

el capuchino

banana

el plátano

jabuka

la manzana

narandža

la naranja

lubenica

el melón

limun

el limón

mrkva

la zanahoria

bijeli luk

el ajo

bambus

el bambú

crveni luk

la cebolla

gljiva

el champiñón

orašasti plodovi

las avellanas

pasta

los fideos

špagete

las espagueti

riža

el arroz

salata

la ensalada

pomfrit

las patatas fritas

pečeni krompir

las patatas fritas

pica

la pizza

hamburger

la hamburguesa

sendvič

el sándwich

šnicla

el filete

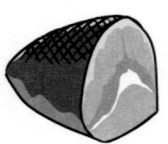

šunka

el jamón

kobasica

le salami

kobasica

la salchicha

kokoš

el pollo

pečenje

el asado

riba

el pescado

zobene pahuljice

los copos de avena

muzli

el muesli

kornfleks

los copos de maíz

brašno

la harina

kroason

el cruasán

zemičke

el panecillo

kruh

el pan

tost

la tostada

keksi

las galletas

maslac

la mantequilla

svježi sir

la cuajada

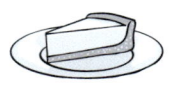

kolač

el pastel

jaje

el huevo

jaje na oko

el huevo frito

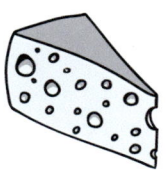

sir

el queso

jelo - la comida

sladoled
....
el helado

šećer
....
el azúcar

med
....
la miel

marmelada
....
la mermelada

nugat krema
....
la crema de turrón

kuri
....
el curry

seosko imanje
la granja

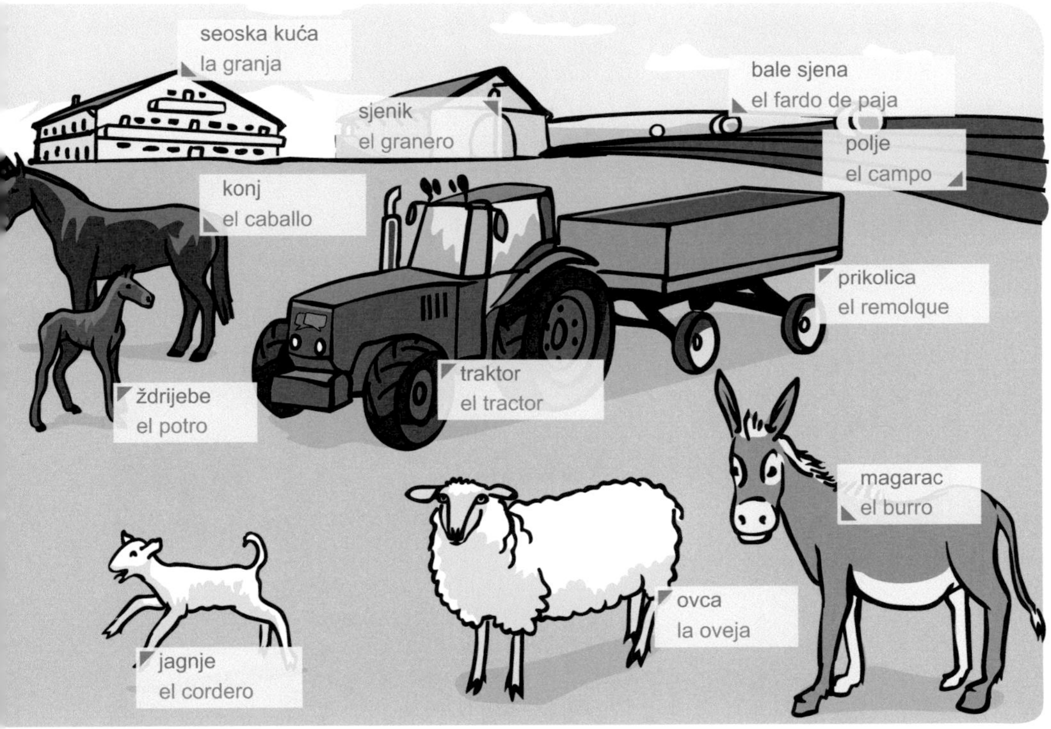

seoska kuća
la granja
sjenik
el granero
bale sjena
el fardo de paja
polje
el campo
konj
el caballo
prikolica
el remolque
traktor
el tractor
ždrijebe
el potro
magarac
el burro
ovca
la oveja
jagnje
el cordero

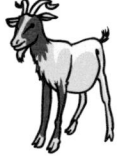

koza
la cabra

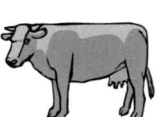

krava
la vaca

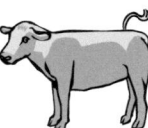

tele
el ternero

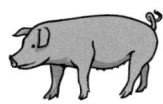

svinja
el cerdo

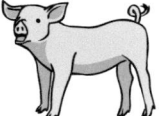

prase
el cerdito

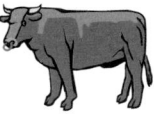

bik
el toro

guska

el ganso

patka

el pato

pile

el pollo

kokoška

la gallina

pjetao

el gallo

pacov

la rata

mačka

el gato

miš

el ratón

vol

el buey

pas

el perro

pseća kućica

la perrera

crijevo za baštu

la manguera

kanta za zalijevanje

la regadera

kosa

la guadaña

plug

el arado

srp

la hoz

motika

la azada

vile

la horca

sjekira

el hacha

tačke

la carretilla

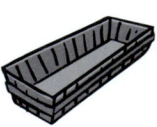

korito

el abrevadero

bokal za mlijeko

la lechera

vreća

el saco

ograda

la valla

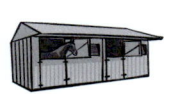

štala

el establo

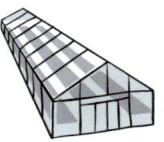

staklenik

el invernadero

tlo

el suelo

sjeme

la semilla

đubrivo

el fertilizador

kombajn

la cosechadora

kositi
....
cosechar

žetva
....
la cosecha

jam korijen
....
el ñame

pšenica
....
el trigo

soja
....
el soja

krompir
....
la patata

kukuruz
....
el maíz

uljana repica
....
la semilla de colza

drvo voća
....
el árbol frutal

manioka
....
la mandioca

žito
....
las cereales

kuća

la casa

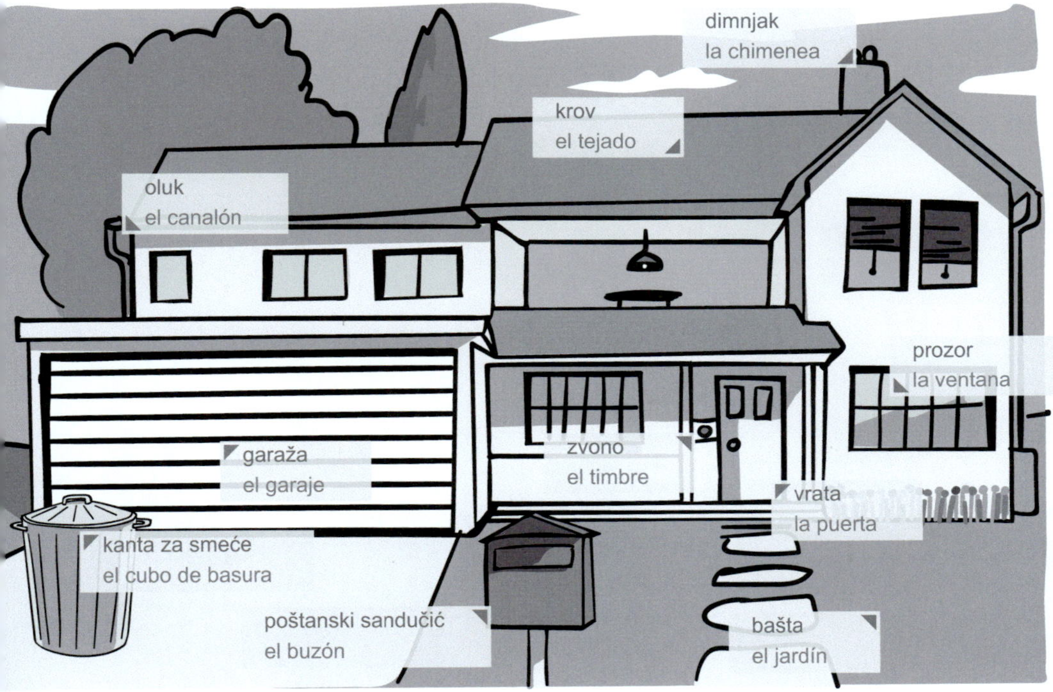

dimnjak
la chimenea
krov
el tejado
oluk
el canalón
prozor
la ventana
zvono
el timbre
garaža
el garaje
vrata
la puerta
kanta za smeće
el cubo de basura
poštanski sandučić
el buzón
bašta
el jardín

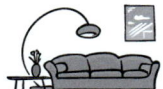

dnevni boravak

la sala

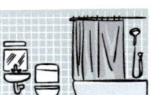

kupatilo

el cuarto de baño

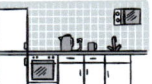

kuhinja

la cocina

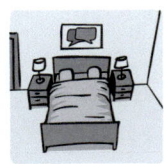

spavaća soba

el dormitorio

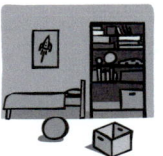

dječija soba

la habitación de los niños

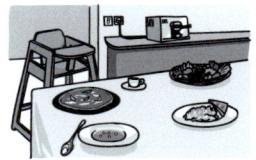

trpezarija

el comedor

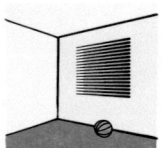

pod, tlo

el suelo

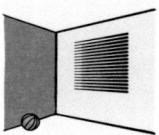

zid

la pared

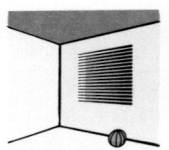

plafon

el techo

podrum

el sótano

sauna

la sauna

balkon

el balcón

terasa

la terraza

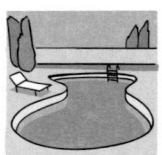

bazen

la piscina

kosilica

el cortacésped

posteljina

la sábana

pokrivač

la colcha

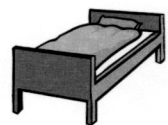

krevet

la cama

metla

la escoba

kanta

el balde

prekidač

el interruptor

dnevni boravak
la sala

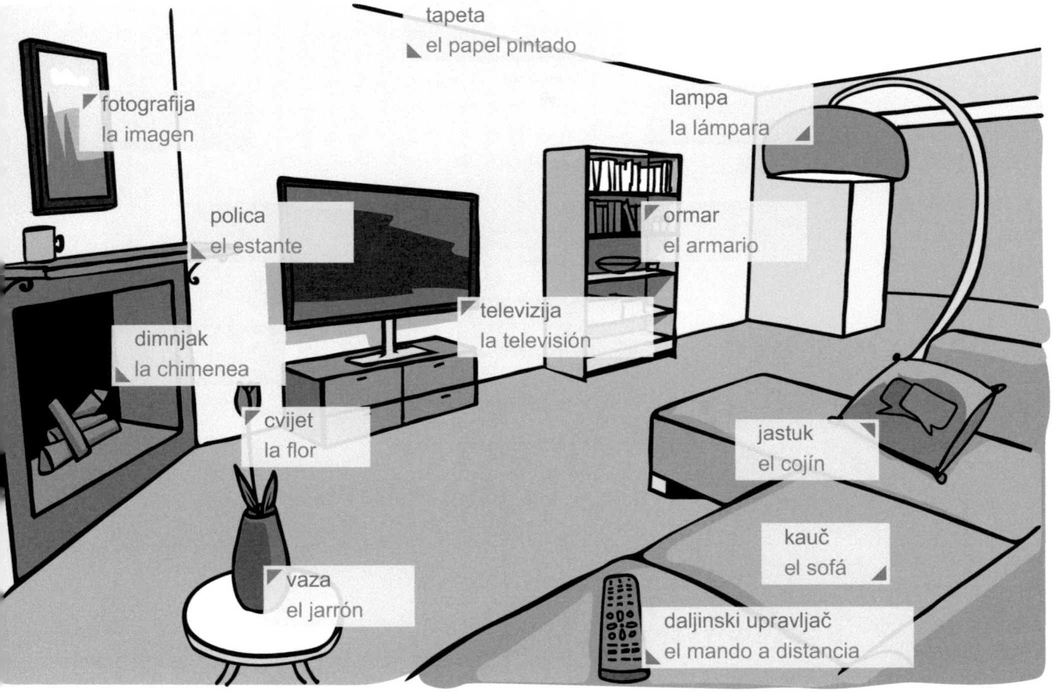

tapeta
el papel pintado
fotografija
la imagen
lampa
la lámpara
polica
el estante
ormar
el armario
televizija
la televisión
dimnjak
la chimenea
cvijet
la flor
jastuk
el cojín
kauč
el sofá
vaza
el jarrón
daljinski upravljač
el mando a distancia

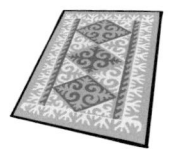

tepih

la alfombra

zavjesa

la cortina

stol

la mesa

stolica

la silla

stolica za ljuljanje

el mecedora

fotelja

la butaca

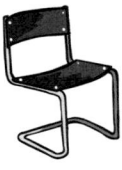

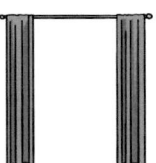

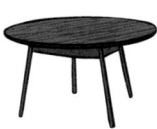

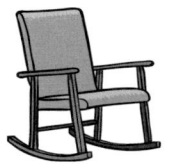

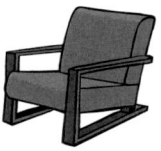

knjiga

el libro

deka

la manta

dekoracija

la decoración

ložno drvo

la leña

film

la película

stereo uređaj

el equipo de música

ključ

la llave

novine

el periódico

umjetnička slika

la pintura

poster

el póster

radio

la radio

blok za bilješke

el cuaderno

usisavač

la aspiradora

kaktus

el cactus

svijeća

la vela

kuhinja
la cocina

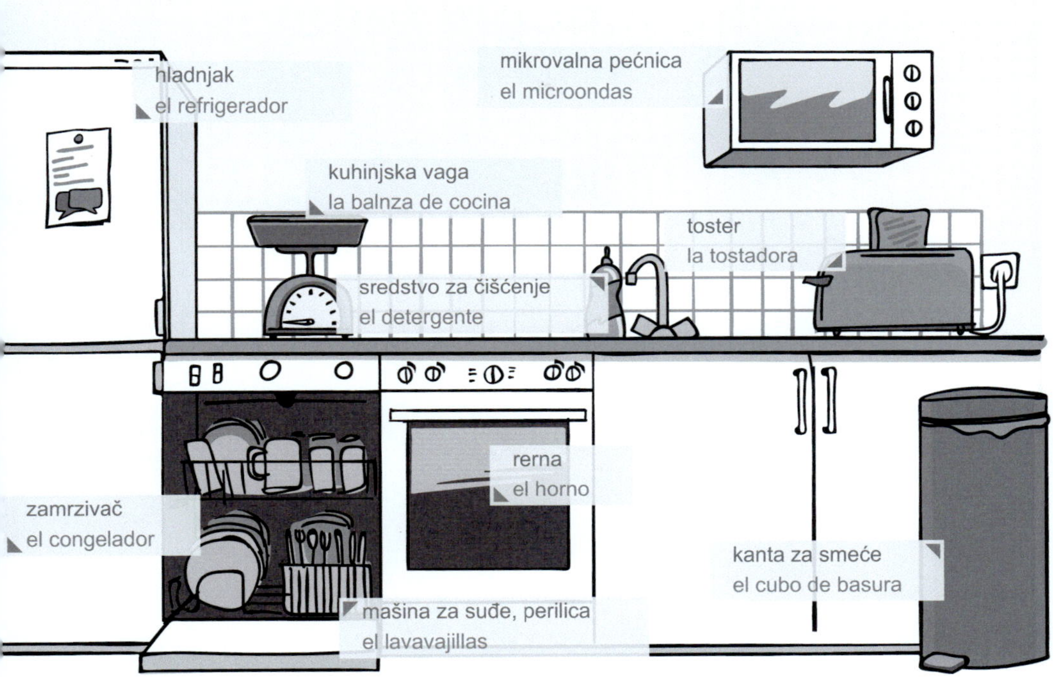
hladnjak
el refrigerador
mikrovalna pećnica
el microondas
kuhinjska vaga
la balnza de cocina
toster
la tostadora
sredstvo za čišćenje
el detergente
rerna
el horno
zamrzivač
el congelador
kanta za smeće
el cubo de basura
mašina za suđe, perilica
el lavavajillas

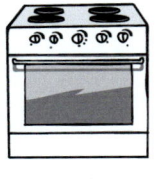

peć

la olla a presión

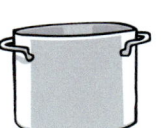

lonac

la olla

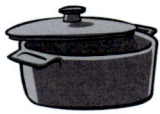

metalni lonac

la olla de hierro fundido

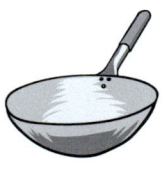

vok / kadai

el wok

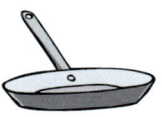

tava, tiganj

la cazuela

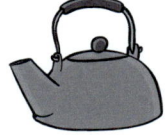

kuhalo

el hervidor

aparat za kuhanje na pari

la vaporera

lim za pečenje

la chapa de horno

posuđe

la vajilla

šalica

la taza

činija

el tazón

kineski štapići

los palillos

kutlača

el cucharón

lopatica

la espumadera

metlica za snijeg bjelanjca

el batidor

sito za kuhanje

el colador

sito

el cedazo

ribež

el rallador

avan s tučkom

el mortero

roštilj

la barbacoa

ložište

la hoguera

daska

la tabla de picar

oklagija

el rodillo

vadičep

el sacacorchos

konzerva

la lata

otvarač za konzerve

el abrelatas

krpe za lonac

el agarrador

sudoper

el lavabo

četka

el cepillo

spužva

la esponja

mikser

la batidora

zamrzivač

el congelador

flašica za bebu

el biberón

slavina

el grifo

kupatilo

el cuarto de baño

grijanje
la calefacción
peškir
la toalla
tuš
la ducha
zavjesa za tuš
la cortina de la ducha
pjenušava kupka
el baño de espuma
kada
la bañera
čaša
el vaso
mašina za veš
la lavadora
slavina
el grifo
pločice
las baldosas
dječja kahlica
el orinal
sudoper
el lavabo

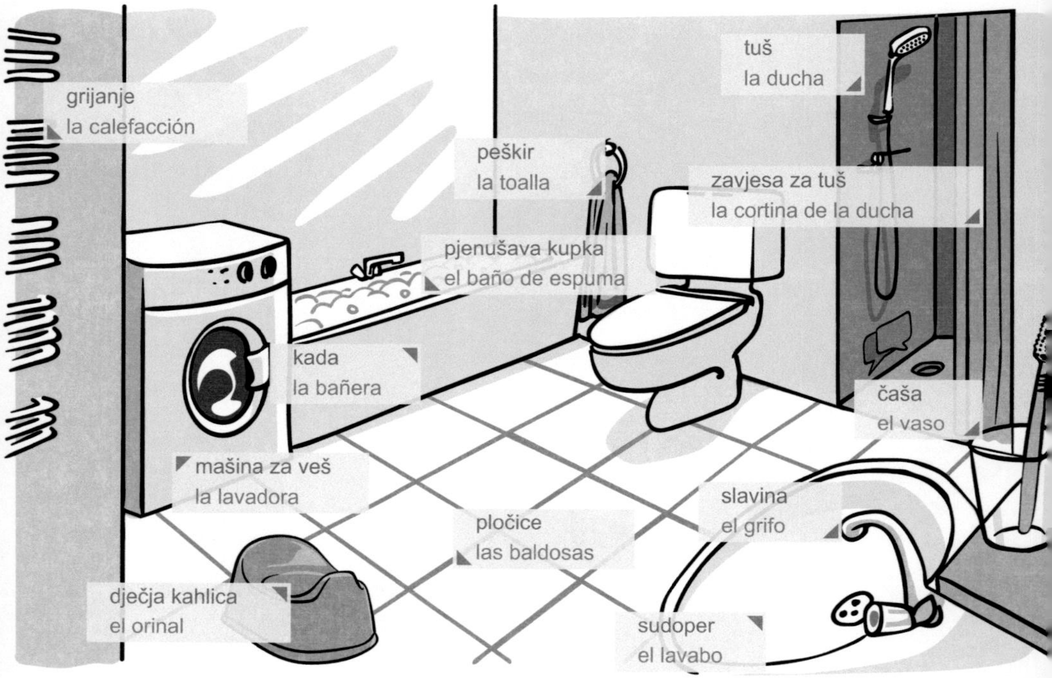

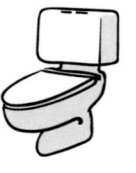

toalet

el inodoro

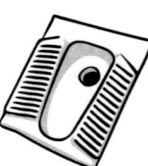

čučavac

el inodoro rústico

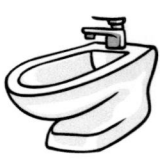

bide

el bidé

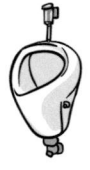

pisoar

el urinario

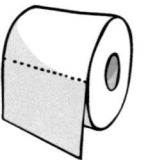

toalet papir

el papel higiénico

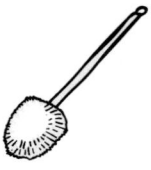

četka za wc

la escobilla del váter

četkica za zube

el cepillo de dientes

pasta za zube

la pasta de dientes

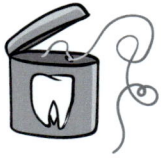

zubni konac

el hilo dental

prati

lavar

tuš

la ducha de mano

intimni tuš

la ducha íntima

lavor

la pila

četka za leđa

el cepillo de espalda

sapun

el jabón

gel za tuširanje

el gel de ducha

šampon

el champú

krpe za pranje

la toallita

odvod

el desagüe

krema

la crema

dezodorans

el desodorante

ogledalo

el espejo

ogledalo za šminkanje

el espejo de tocador

brijač

la maquinilla de afeitar

pjena za brijanje

la espuma de afeitar

vodica poslije brijanja

la loción postafeitado

češalj

el peine

četka

el cepillo

fen

el secador

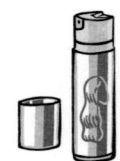

sprej za kosu

la laca

puder

el maquillaje

karmin

el pintalabios

lak za nokte

el pintauñas

vata

el algodón

makazice za nokte

el cortauñas

parfem

el perfume

kozmetička torbica

el estuche de viaje

hoklica

la banqueta

vaga

la balanza

kupaći ogrtač

el albornoz

rukavice za čišćenje

los guantes de goma

tampon

el tampón

uložak za dame

la compresa

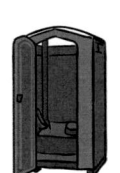

hemijski toalet

el inodoro químico

dječija soba

la habitación de los niños

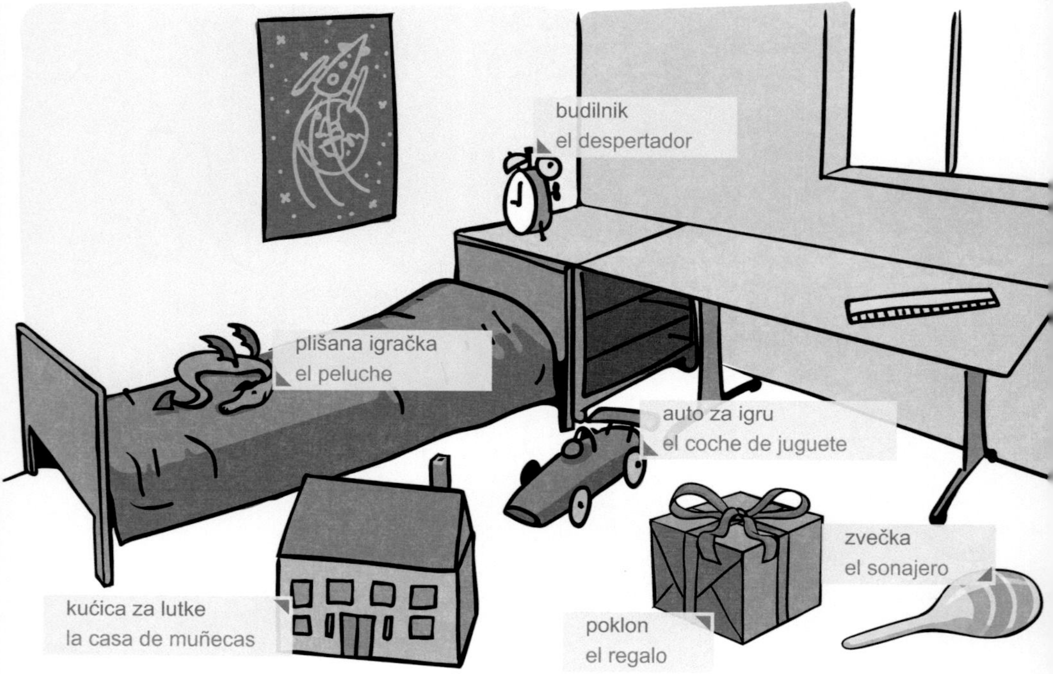
budilnik
el despertador
plišana igračka
el peluche
auto za igru
el coche de juguete
zvečka
el sonajero
kućica za lutke
la casa de muñecas
poklon
el regalo

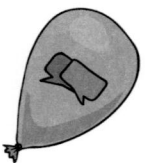

balon

el globo

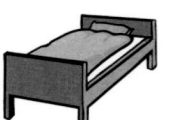

krevet

la cama

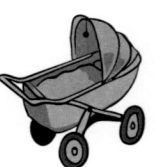

kolica za djecu

el coche de niño

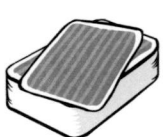

karte za igranje

los naipes

puzle

el puzle

SUPER MEGA

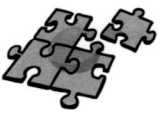

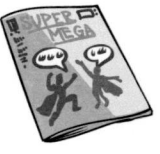

strip

el tebeo

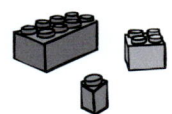

lego kockice

las piezas de lego

kockice za gradnju

los bloques de juguete

akcione figure

la figura de acción

benkica

el bodi (de bebé)

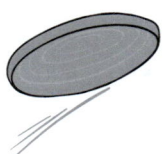

frizbi

el frisbee

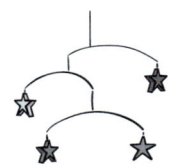

mobile

el colgador móvil para bebés

igra na ploči

el juego de mesa

kocka

los dados

miniatura željeznice

el circuito de tren eléctrico

cucla

el maniquí

zabava

la fiesta

slikovnica

el álbum de fotos

lopta

la pelota

lutka

la muñeca

igrati

jugar

pješćanik

el cajón de arena

ljuljačka

el columpio

igračke

los juguetes

konzola za igru

la videoconsola

triciklo

el triciclo

medvjedić

el oso de peluche

ormar

la guardarropa

odjeća

la ropa

kratke čarape

los calcetines

čarape

las medias

hulahopke

los leotardos

šal
la bufanda

kišobran
el paraguas

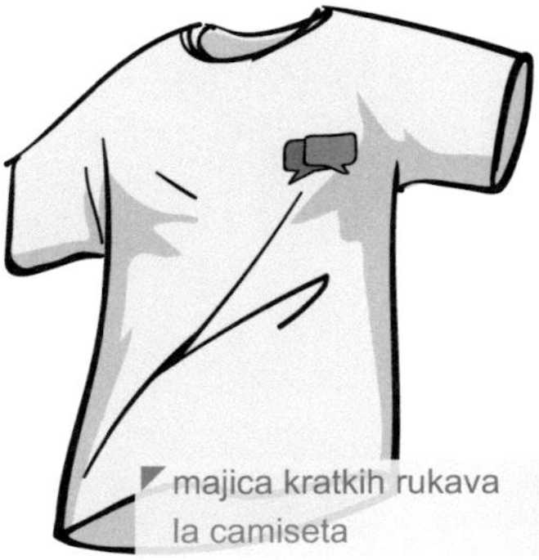

kaiš
el cinturón

majica kratkih rukava
la camiseta

čizme
las botas

papuče
las zapatillas

patike
las deportivas

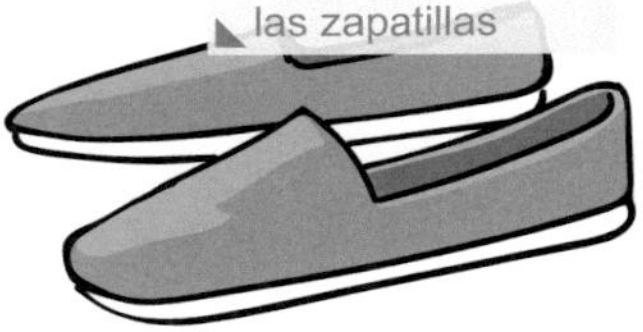

sandale
....
las sandalias

cipele
....
los zapatos

gumene čizme
....
las botas de goma

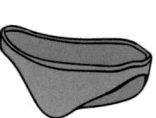

gaće
....
el slip

grudnjak
....
el sostén

potkošulja
....
el chaleco

bodi

el bodi

hlače

los pantalones cortos

farmerke

los vaqueros

suknja

la falda

bluza

la blusa

košulja

la camisa

džemper

el jersey

majica

el suéter

sako

el blazer

jakna

la chaqueta

mantil

el abrigo

kišni mantil

la gabardina

kostim

el traje

haljina

el vestido

vjenčanica

el vestido de novia

odijelo

el traje

spavaćica

el camisón

pidžama

el pijama

sari

el sati

marama

el bandana

turban

el turbante

burka

la burka

kaftan

el caftán

abaja

la abaya

kupaći kostim

el traje de baño

kupaće gaće

el bañador

kratke hlače

los pantalones cortos

trenerka

el chándal

pregača

el delantal

rukavice

los guantes

dugme

el botón

naočare

las gafas

narukvica

el brazalete

ogrlica

el collar

prsten

el anillo

naušnica

el pendiente

kapa

la gorra

vješalica

la percha

šešir

el sombrero

kravata

la corbata

patentni zatvarač

la cremallera

kaciga

el casco

tregeri za hlače

los tirantes

školska uniforma

el uniforme

uniforma

el uniforme

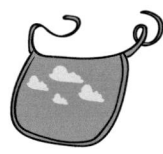

podbradak

el babero

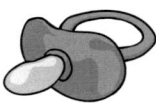

cucla

el maniquí

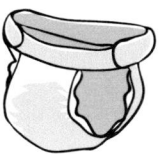

pelene

el pañal

ured

la oficina

server
el servidor
ormar za kartoteku
el archivo
štampač
la impresora
papir
el papel
monitor
el monitor
pisaći sto
el escritoria
miš
el ratón
registrator
la carpeta
tastatura
el teclado
stolica
la silla
korpa za papir
la papelera
kompjuter
el ordenador

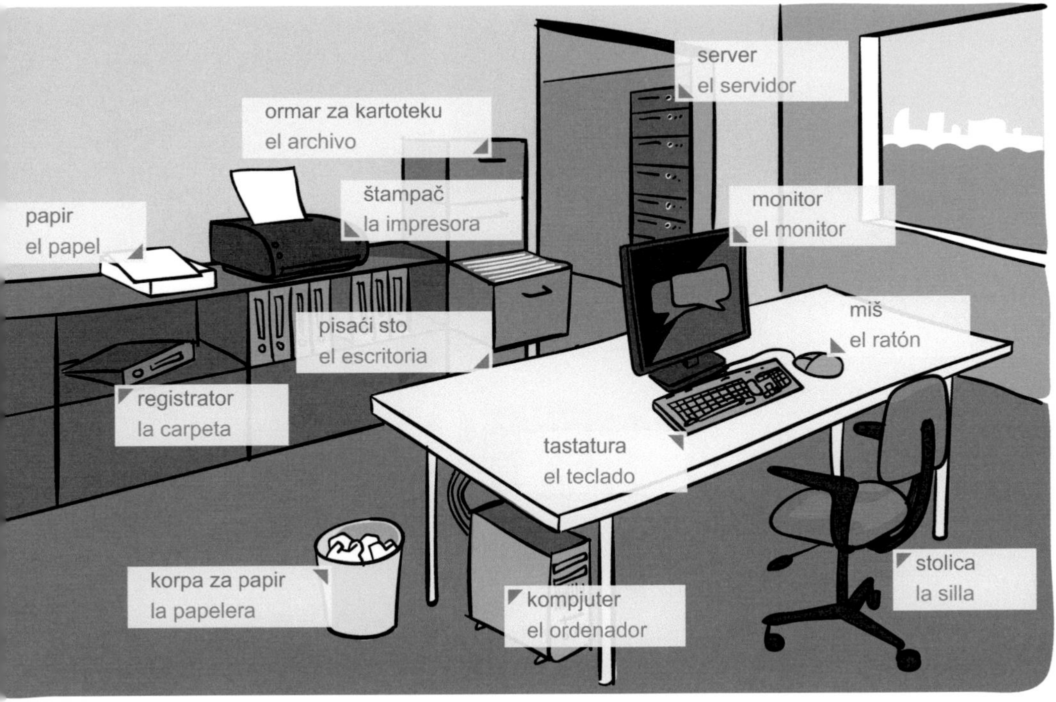

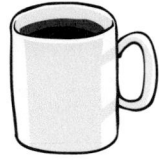

šolja za kafu

la taza de café

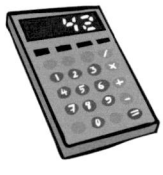

kalkulator

la calculadora

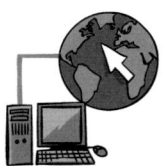

internet

el internet

laptop

el portátil

pismo

la carta

poruka

el mensaje

mobilni telefon

el móvil

mreža

la red

aparat za kopiranje

la fotocopiadora

softver

el software

telefon

el teléfono

utičnica

la toma de corriente

faks

el fax

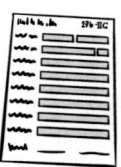

formular

el formulario

dokument

el documento

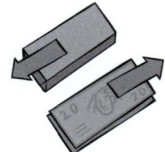

kupovati

comprar

platiti

pagar

trgovati

comerciar

novac

el dinero

dolar

el dólar

euro

el euro

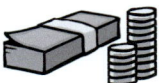

jen

el yen

rublja

el rublo

franak

el franco suizo

renminbi jen

el renminbi yuan

rupi

la rupia

bankomat

el cajero automático

mjenjačnica

la oficina de cambio de divisas

zlato

el oro

srebro

la plata

nafta

el petróleo

energija

la energía

cijena

el precio

ugovor

el contrato

porez

el impuesto

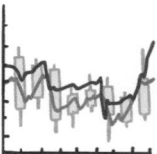

akcija

la acción

raditi

trabajar

službenik

el empleador

poslodavac

el empleador

fabrika

la fábrica

radnja

la tienda de campaña

zanimanja
los oficios

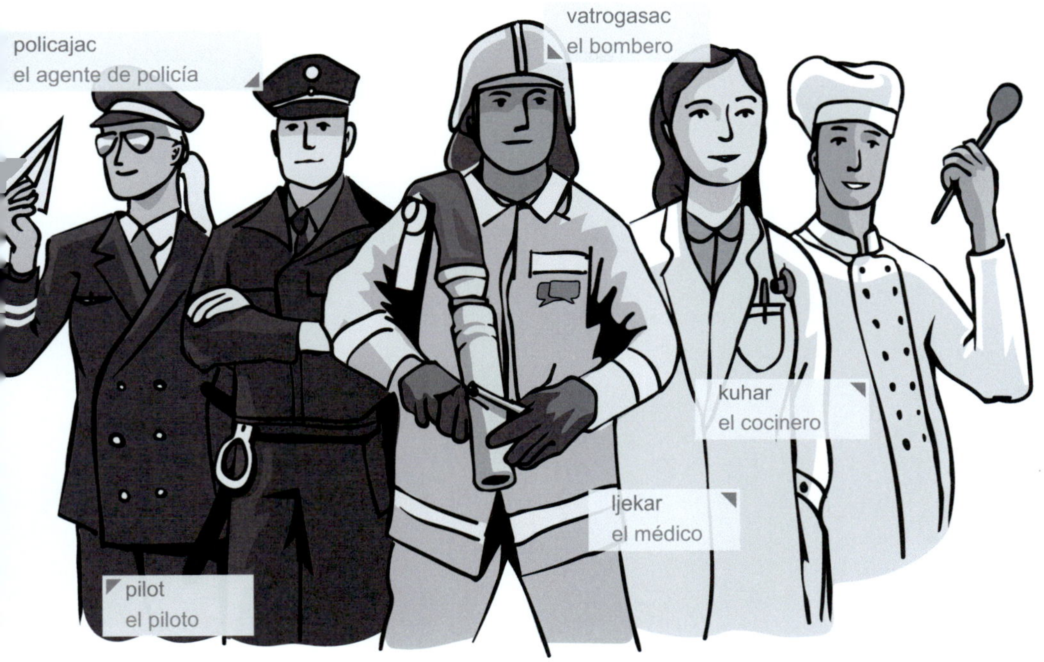

policajac
el agente de policía
vatrogasac
el bombero
kuhar
el cocinero
ljekar
el médico
pilot
el piloto

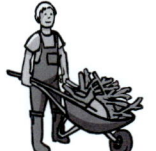

baštovan

el jardinero

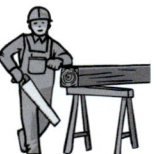

stolar

el carpintero

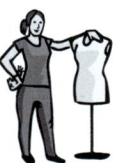

krojačica

la costurera

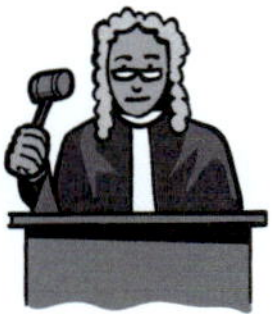

sudija

el juez

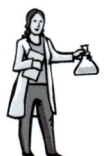

hemičar

el farmacéutico

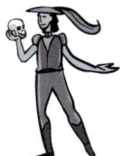

glumac

el actor

vozač autobusa

el conductor de autobús

vozač taksija

el taxista

ribar

el pescador

čistačica

la señora de la limpieza

krovopokrivač

el techador

konobar

el camarero

lovac

el cazador

moler

el pintor

pekar

el panadero

električar

el electricista

građevinski radnik

el obrero

inženjer

el ingeniero

koljač

el carnicero

limar, vodoinstalater

el fontanero

poštar

el cartero

vojnik

el soldado

arhitekta

el arquitecto

blagajnik

el cajero

cvjećar

el florista

frizer

el peluquero

kontrolor

el revisor

mehaničar

el mecánico

kapiten

el capitán

zubar

el dentista

naučnik

el científico

rabin

el rabino

imam

el imán

monah

el monje

sveštenik

el sacerdote

alat
las herramientas

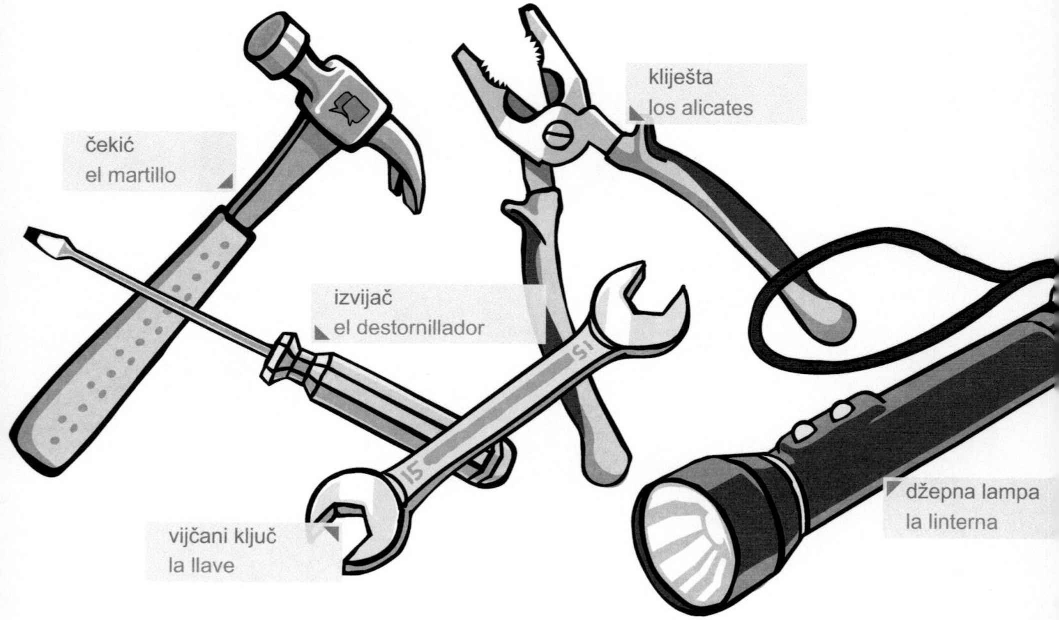

kliješta
los alicates
čekić
el martillo
izvijač
el destornillador
džepna lampa
la linterna
vijčani ključ
la llave

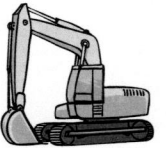

bager

la excavadora

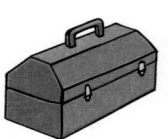

kutija sa alatom

la caja de herramientas

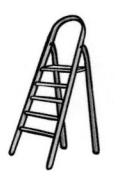

ljestve

la escalera de mano

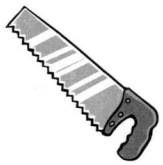

testera, pila

la sierra

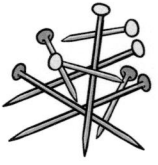

ekser

los clavos

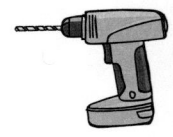

bušilica

el taladro

popraviti

reparar

lopata

la pala

sranje!

¡Maldita sea!

lopatica

el recogedor

kanta boje

el bote de pintura

vijak

los tornillos

muzički instrumenti
los instrumentos musicales

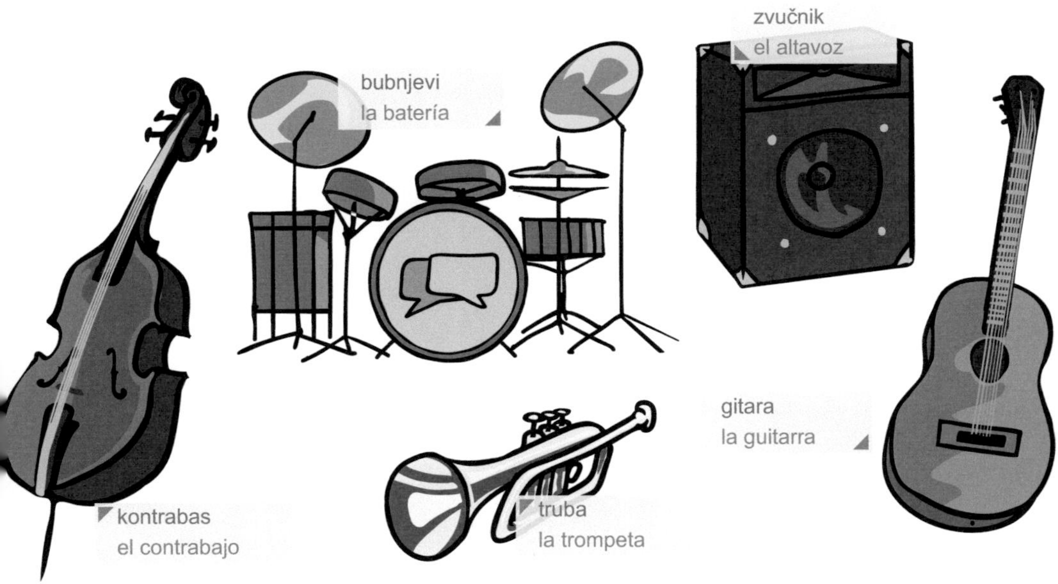

zvučnik
el altavoz

bubnjevi
la batería

gitara
la guitarra

kontrabas
el contrabajo

truba
la trompeta

klavir

el piano

violina

el violín

bas

bajo

bubanj timpani

los timbales

bubanj

el tambor

sintisajzer

el teclado

saksofon

el saxofón

flauta

la flauta

mikrofon

el micrófono

zološki vrt

el zoo

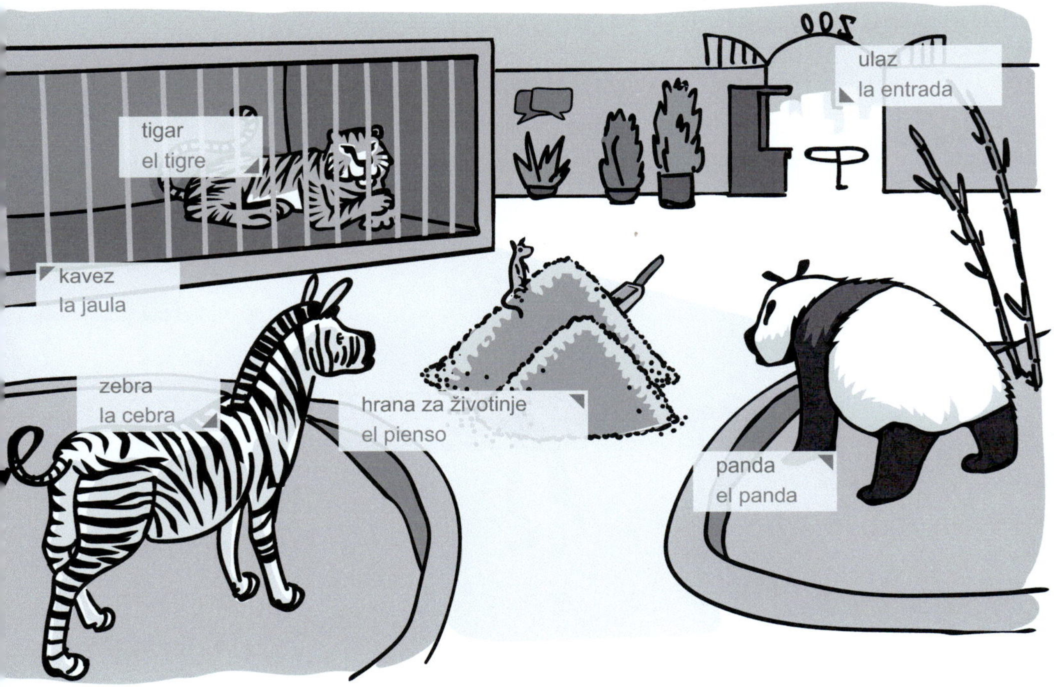
tigar
el tigre
kavez
la jaula
zebra
la cebra
hrana za životinje
el pienso
panda
el panda
ulaz
la entrada

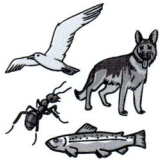

životinje

los animales

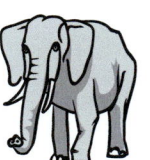

slon

el elefante

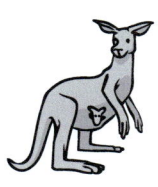

kengur

el canguro

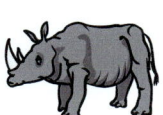

nosorog

el rinoceronte

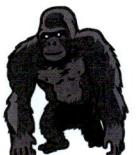

gorila

el gorila

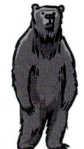

medvjed

el oso

kamila

el camello

noj

el avestruz

lav

el león

majmun

el mono

flamingo

el flamingo

papagaj

el loro

polarni medvjed

el oso polar

pingvin

el pingüino

morski pas

el tiburón

paun

el pavo real

zmija

la serpiente

krokodil

el cocodrilo

čuvar u zološkom vrtu

el guardián de zoológico

tuljan

la foca

jaguar

el jaguar

poni

el poni

leopard

el leopardo

nilski konj

el hipopótamo

žirafa

la jirafa

orao

el águila

divlja svinja

el jabalí

riba

el pescado

kornjača

la tortuga

morž

la morsa

lisica

el zorro

gazela

la gacela

američki fudbal
el fútbol americano

vožnja bicikla
el ciclismo

tenis
el tenis

košarka
el baloncesto

plivanje
la natación

boks
el boxeo

hokej na ledu
el hockey sobre hielo

fudbal
el fútbol

bedminton
el bádminton

laka atletika
el atletismo

rukomet
el balonmano

skijanje
el esquí

polo
el polo

aktivnosti
las actividades

smijati se
reír
skakati
saltar
zagrliti
abrazar
ići
caminar
pjevati
cantar
sanjati
soñar
moliti
rezar
ljubiti
besar

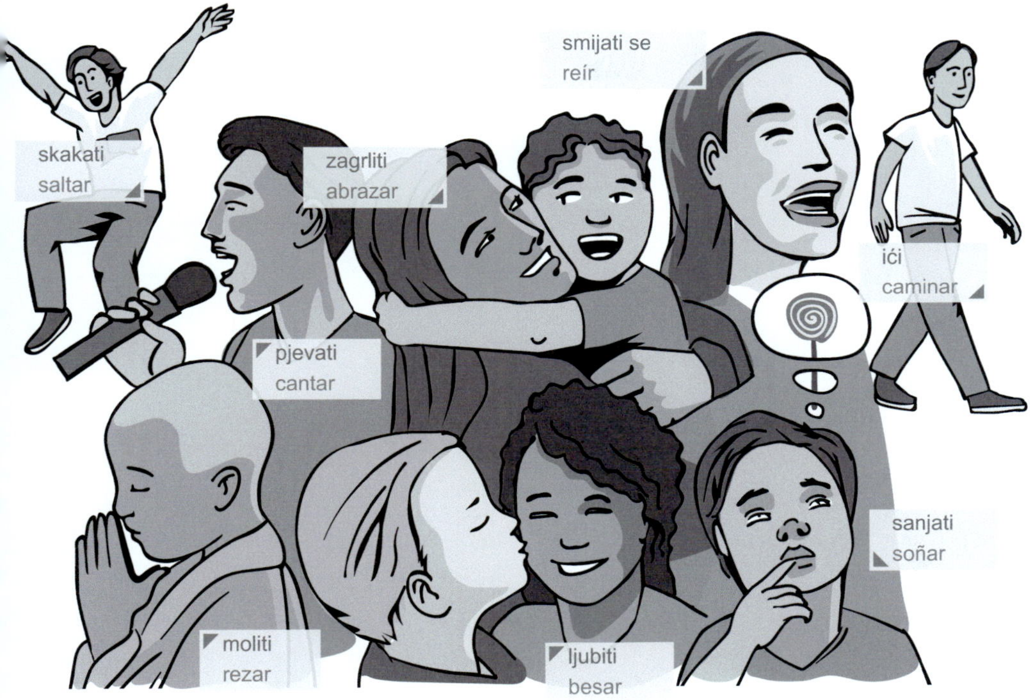

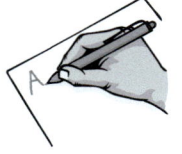

pisati

escribir

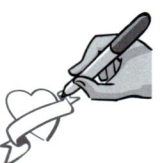

crtati

dibujar

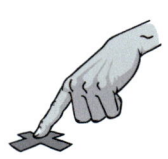

pokazati

mostrar

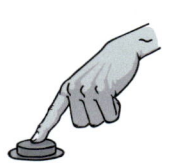

gurati

empujar

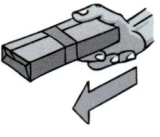

dati

dar

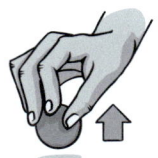

uzeti

tomar

imati

tener

raditi

hacer

biti

ser

stajati

estar de pie

trčati

correr

vući

tirar

baciti

tirar

pasti

caer

ležati

yacer

čekati

esperar

nositi

llevar

sjediti

estar sentado

obući

vestirse

spavati

dormir

probuditi

despertar

aktivnosti - las actividades

pogledati

mirar

plakati

llorar

milovati

acariciar

češljati

peinar

govoriti

hablar

razumjeti

entender

pitati

preguntar

slušati

escuchar

piti

beber

jesti

comer

pospremiti

ordenar

voljeti

amar

kuhati

cocinar

voziti

conducir

letjeti

volar

jedriti

navegar

računati

calcular

čitati

leer

učiti

aprender

raditi

trabajar

vjenčavti

casarse

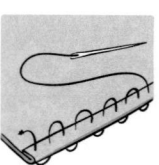

šiti

coser

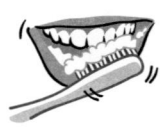

prati zube

cepillarse los dientes

ubiti

matar

pušiti

fumar

slati

enviar

porodica
la familia

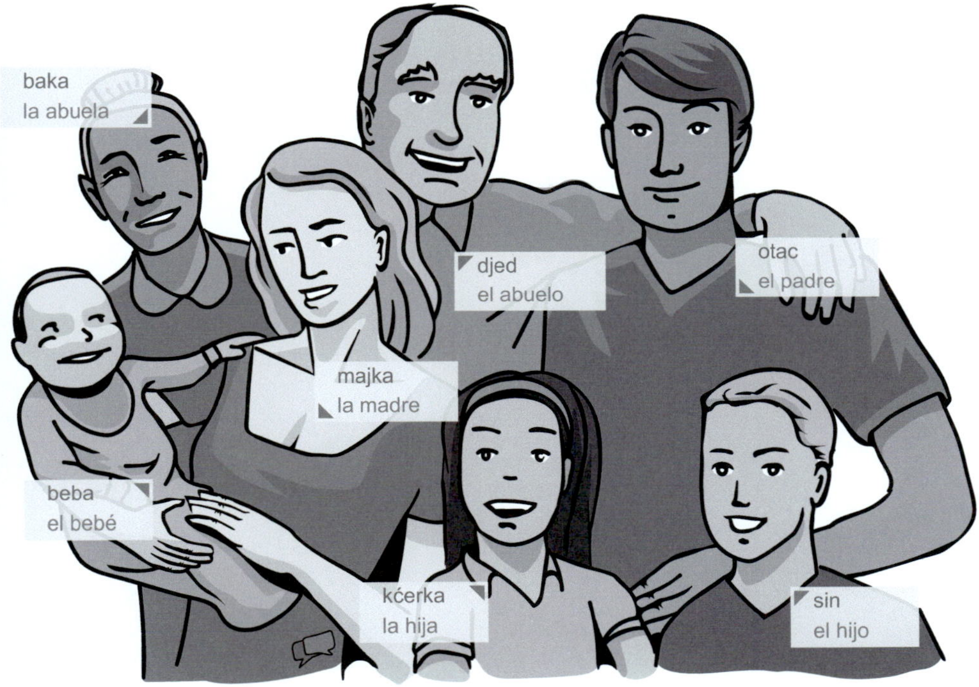
baka
la abuela
djed
el abuelo
otac
el padre
majka
la madre
beba
el bebé
kćerka
la hija
sin
el hijo

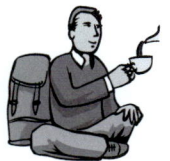

gost

el invitado

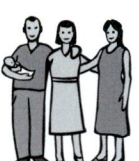

ujna, tetka, strina

la tía

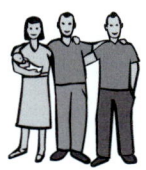

ujak, tetak, stric

el tío

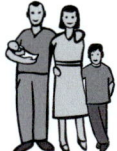

brat

el hermano

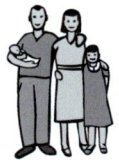

sestra

la hermana

tijelo
el cuerpo

čelo
la frente
oko
el ojo
leđa
el hombro
prst
el dedo
lice
la cara
brada
la barbilla
ruka, šaka
la mano
noga
la pierna
grudi
el pecho
ruka
el brazo

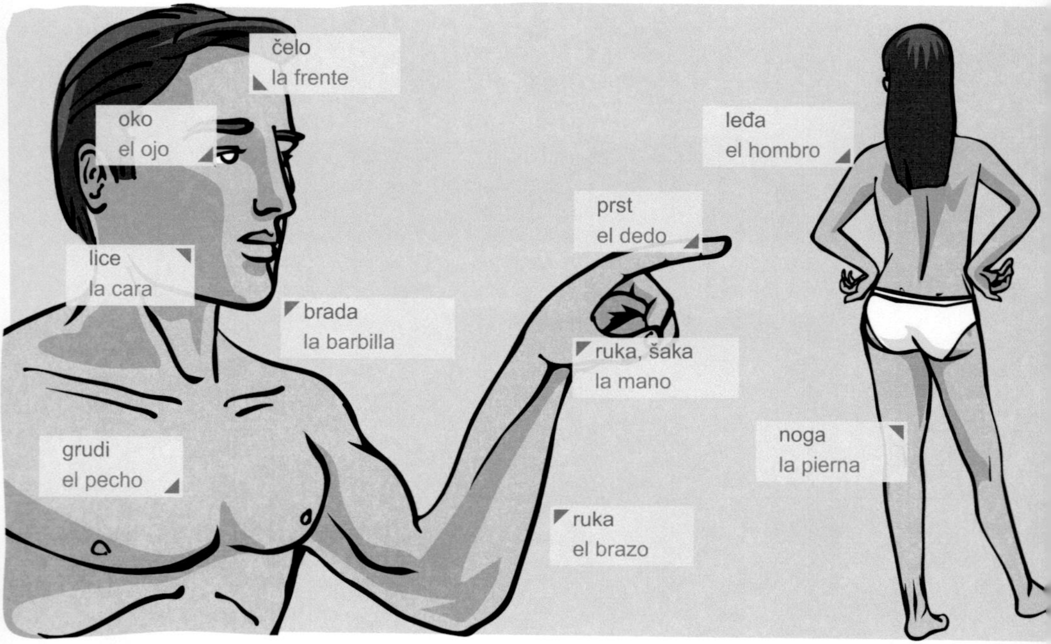

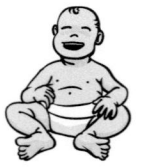

beba

el bebé

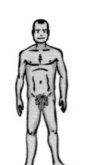

muškarac

el hombre

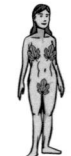

žena

la mujer

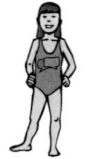

djevojčica

la chica

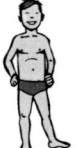

dječak

el chico

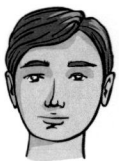

glava

la cabeza

leđa

la espalda

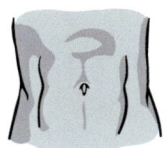

stomak

el vientre

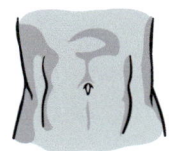

pupak

el ombligo

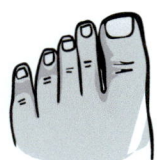

nožni prst

el dedo del pie

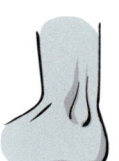

peta

el talón

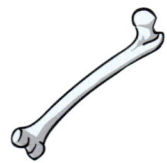

kosti

el hueso

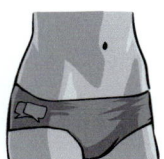

kuk

la cadera

koljeno

la rodilla

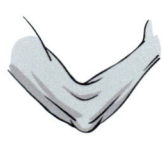

lakat

el codo

nos

la nariz

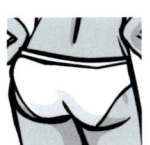

stražnjica

el trasero

koža

la piel

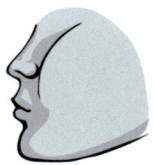

obraz

la mejilla

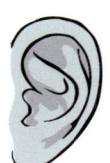

uho

el oído

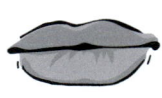

usna

el labio

tijelo - el cuerpo

usta

la boca

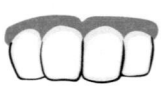

zub

el diente

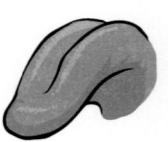

jezik

la lengua

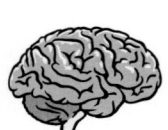

mozak

el cerebro

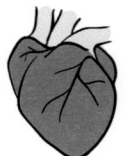

srce

el corazón

mišić

el músculo

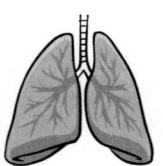

pluća

el pulmón

jetra

el hígado

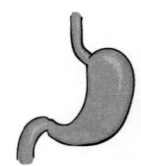

želudac

el estómago

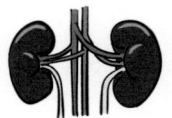

bubreg

los riñones

spolni odnos

el sexo

kondom

el condón

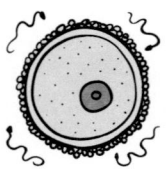

jajna ćelija

el ovario

sperma

el semen

trudnoća

el embarazo

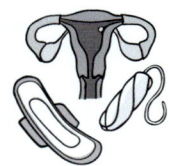

menstruacija

la menstruación

vagina

la vagina

penis

el pene

obrva

la ceja

kosa

el pelo

vrat

el cuello

tijelo - el cuerpo

bolnica
el hospital

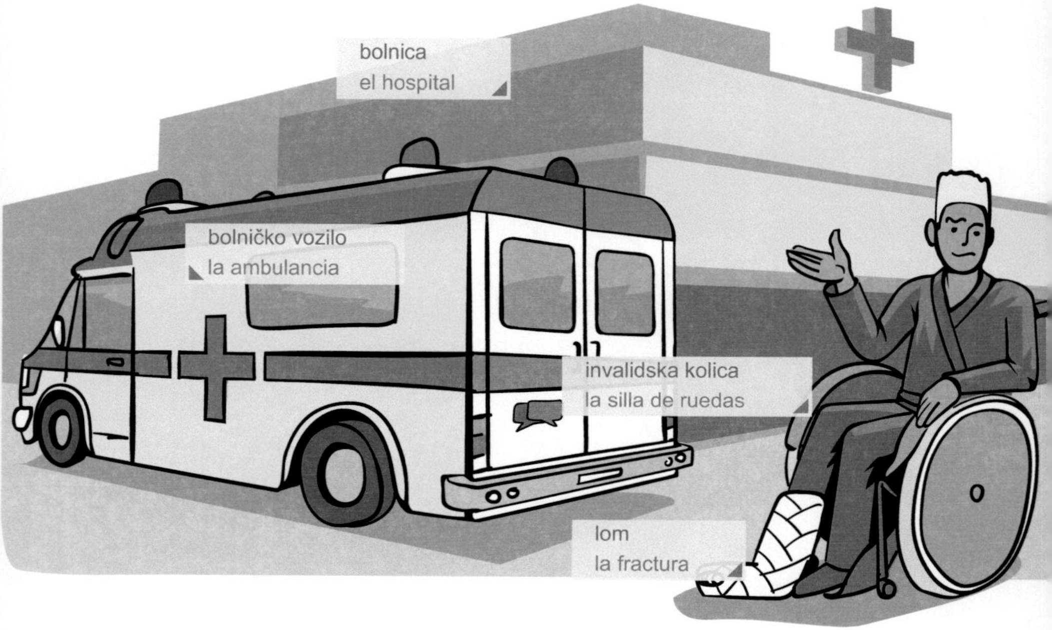

bolnica
el hospital
bolničko vozilo
la ambulancia
invalidska kolica
la silla de ruedas
lom
la fractura

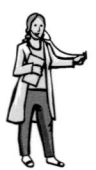

ljekar

el médico

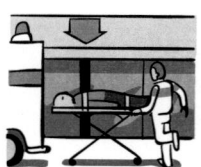

hitna služba

la sala de urgencias

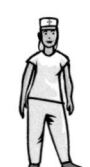

medicinska sestra

la enfermera

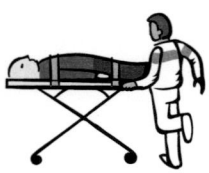

hitna pomoć

la urgencia

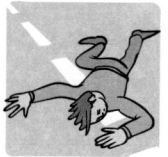

nesvjest

inconsciente

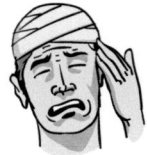

bol

el dolor

povreda

la lesión

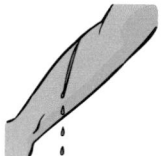

krvarenje

la hemorragia

srčani udar, infarkt

el infarto

moždani udar

el ictus

alergija

la alergia

kašalj

la tos

groznica

la fiebre

gripa

la gripe

proljev

la diarrea

glavobolja

el dolor de cabeza

rak

el cáncer

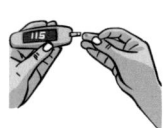

dijabetes

la diabetes

hirurg

el cirujano

skalpel

el bisturí

operacija

la operación

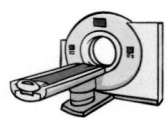

CT
TAC

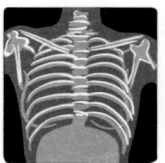

rendgen
los rayos x

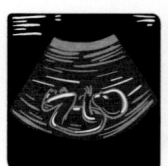

ultrazvuk
el ultrasonido

maska
la mascarilla

bolest
la enfermedad

čekaonica
la sala de espera

štake
la muleta

flaster
la tirita

zavoj
la venda

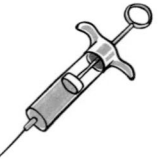

injekcija
la inyección

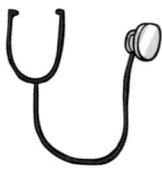

stetoskop
el estetoscopio

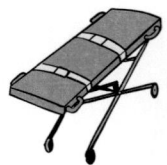

nosilo
la camilla

termometar
el termómetro

porod
el nacimiento

prekomjerna težina, debljina
el sobrepeso

slušni aparat

el audífono

sredstvo za dezinfekciju

el desinfectante

infekcija

la infección

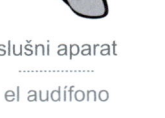

virus

el virus

HIV/ AIDS

VIH / SIDA

medicina

la medicina

vakcinacija

la vacunación

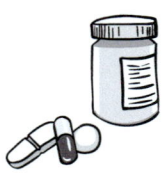

tablete

las tabletas

pilula

la pastilla

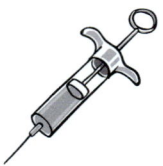

hitni poziv

la llamada de urgencia

aparat za mjerenje pritiska

el tensiómetro

bolestan / zdrav

enfermo / sano

Upomoć!

¡Socorro!

alarm

la alarma

napad, prepad

el asalto

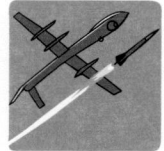

napad

el ataque

opasnost

el peligro

izlaz u slučaju opasnosti

la salida de emergencia

Požar!

¡Fuego!

vatrogasni aparat

el extintor de incendios

nezgoda

el accidente

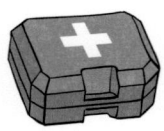

torba prve pomoći

el botiquín de primeros
auxilios

SOS

SOS

policija

la policía

Europa

Europa

Sjeverna Amerika

Norteamérica

Južna Amerika

Sudamérica

Afrika

África

Azija

Asia

Australija

Australia

Atlantik

el atlántico

Pacifik

el Pacífico

Indijski okean

el Océano Índico

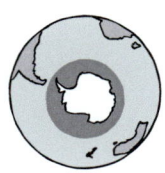

Antarktički okean

el Océano Antártico

Arktički okean

el Océano Ártico

Sjeverni pol

el polo norte

Južni pol

el polo sur

Antarktik

La Antártida

Zemlja

la tierra

zemlja

la tierra

more

el mar

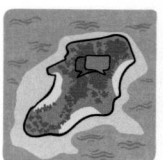

ostrvo

la isla

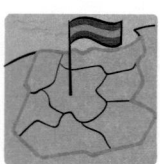

nacija

la nación

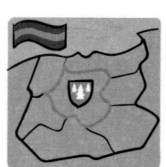

država

el estado

brojčanik sata

la esfera

kazaljka sata

la manecilla de las horas

kazaljka minute

el minutero

kazaljka sekunde

el segundero

Koliko je sati?

¿Qué hora es?

dan

el día

vrijeme

el tiempo

sada

ahora

digitalni sat

el reloj digital

minuta

el minuto

sat

la hora

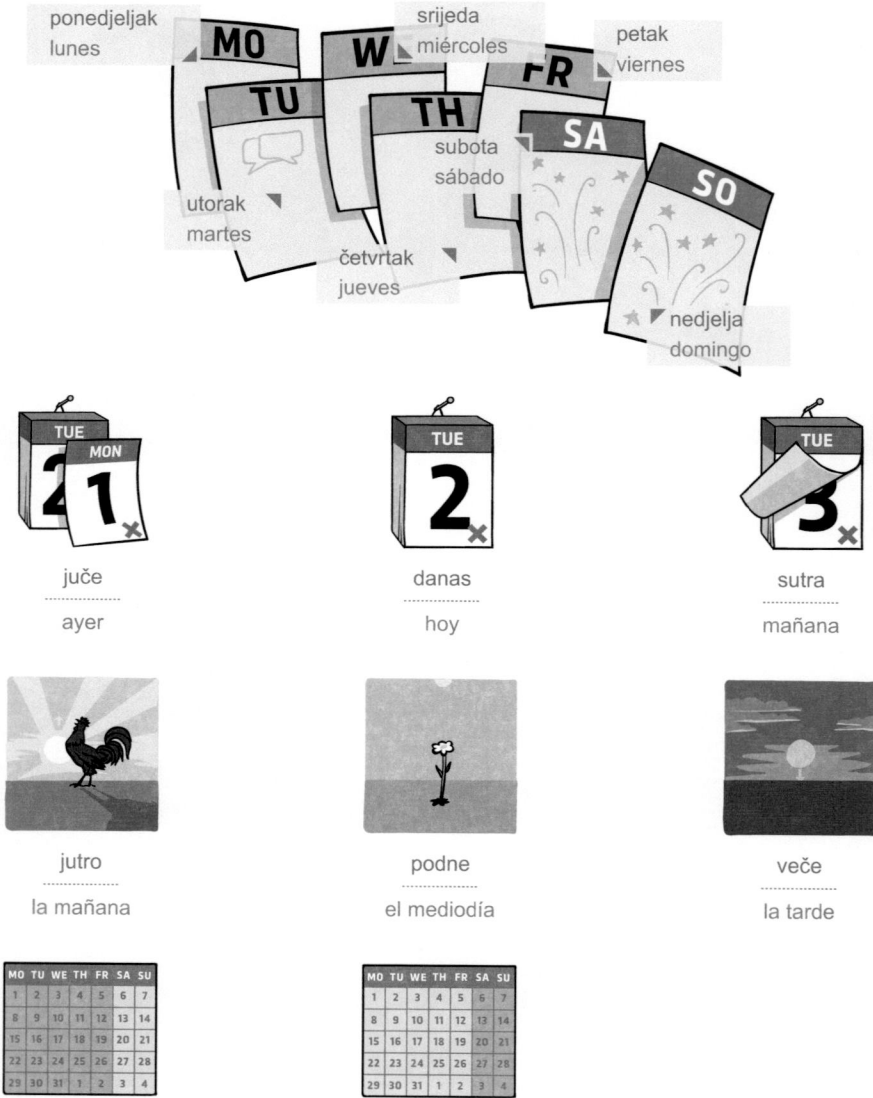

ponedjeljak / lunes — MO

srijeda / miércoles — W

petak / viernes — FR

utorak / martes — TU

četvrtak / jueves — TH

subota / sábado — SA

nedjelja / domingo — SO

juče
ayer

danas
hoy

sutra
mañana

jutro
la mañana

podne
el mediodía

veče
la tarde

radni dani
los días laborables

vikend
el fin de semana

kiša
la lluvia

duga
el arcoíris

snijeg
la nieve

vjetar
el viento

proljeće
la primavera

ljeto
el verano

jesen
el otoño

zima
el invierno

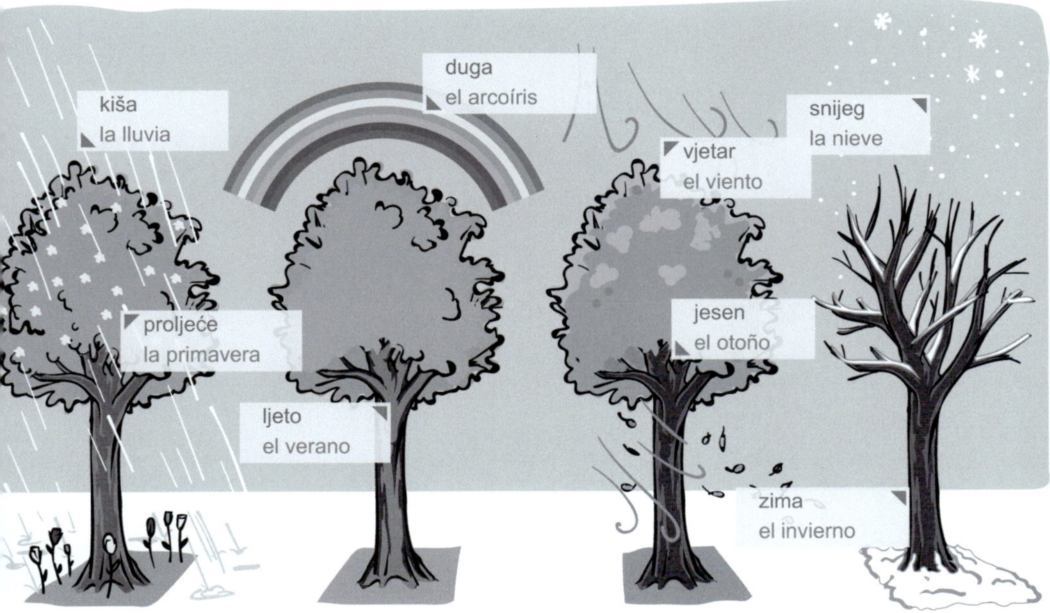

prognoza vremena

el pronóstico del tiempo

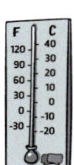

termometar

el termómetro

sunčev sjaj

el sol

oblak

la nube

magla

la niebla

vlažnost vazduha

la humedad

munja

el rayo

grom

el trueno

oluja

la tormenta

tuča, led

el granizo

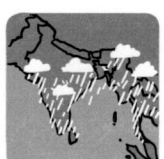

monsun

el monzón

poplava

la inundación

led

el hielo

januar

enero

februar

febrero

mart

marzo

april

abril

maj

mayo

juni

junio

juli

julio

avgust

agosto

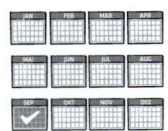

septembar
septiembre

oktobar
octubre

novembar
noviembre

decembar
diciembre

oblici

las formas

krug
el círculo

kvadrat
el cuadrado

pravougao
el rectángulo

trougao
el triángulo

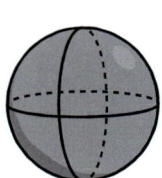

kugla
la esfera

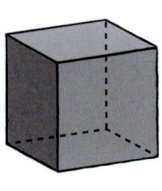

kocka
el cubo

bjel

blanco

žut

amarillo

narandžast

anaranjado

pink

rosa

crven

rojo

ljubičast

morado

plav

azul

zelen

verde

smeđ

marrón

siv

gris

crn

negro

malo / mnogo

mucho / poco

ljutit / miran

enojado / tranquilo

lijep / ružan

bonito / feo

početak / kraj

principio / fin

veliki / mali

grande / pequeño

svijetlo / tamno

claro / oscuro

brat / sestra

el hermano / la hermana

čist / prljav

limpio / sucio

potpun / nepotpun

completo / incompleto

dan / noć

el día / la noche

mrtav / živ

muerto / vivo

široko / usko

ancho / estrecho

ukusno / neukusno

comestible / no comestible

zao / prijatan

malo / amable

uzbuđen / dosadan

entusiasmado / aburrido

debeo / mršav

gordo / delgado

najprije / najkasnije

primero / último

prijatelj / neprijatelj

el amigo / el enemigo

pun / prazan

lleno / vacío

trvd / mekan

duro / blando

težak / lagan

pesado / ligero

glad / žeđ

el hambre / la sed

bolestan / zdrav

enfermo / sano

ilegalan / legalan

ilegal / legal

inteligentan / glup

inteligente / tonto

lijevo / desno

izquierda / derecha

blizu / daleko

cerca / lejos

nov / polovan

nuevo / usado

ništa / nešto

nada / algo

star / mlad

viejo / joven

uključeno / isključeno

encendido / apagado

otvoreno / zatvoreno

abierto / cerrado

tiho / glasno

silencioso / ruidoso

bogat / siromašan

rico / pobre

tačno / pogrešno

correcto / incorrecto

hrapav / glatak

áspero / suave

tužan / srećan

triste / contento

kratak / dug

corto / largo

spor / brz

lento / rápido

mokro / suho

húmedo / seco

toplo / hladno

cálido / frío

rat / mir

guerra / paz

0

nula

cero

1

jedan

uno

2

dva

dos

3

tri

tres

4

četiri

cuatro

5

pet

cinco

6

šest

seis

7

sedam

siete

8

osam

ocho

9

devet

nueve

10

deset

diez

11

jedanaest

once

12

dvanaest

doce

13

trinaest

trece

14

četrnaest

catorce

15

petnaest

quince

16

šesnaest

dieciséis

17

sedamnaest

diecisiete

18

osamnaest

dieciocho

19

devetnaest

diecinueve

20

dvadeset

veinte

100

sto

cien

1.000

hiljada

mil

1.000.000

milion

el millón

engleski

el inglés

američki engleski

el inglés americano

kinesko mandarinski

el chino madarín

hindi

el hindi

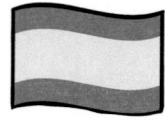

španski

el español

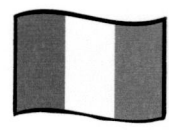

francuski

el francés

arapski

el árabe

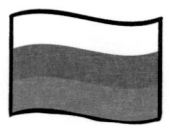

ruski

el ruso

portugalski

el portugués

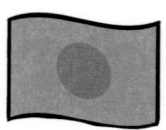

bengalski

el bengalí

njemački

el alemán

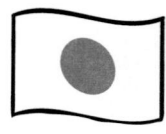

japanski

el japonés

ja
yo

ti
tú

on / ona / ono
él / ella / ello

mi
nosotros/as

vi
vosotros/as

oni
ellos/as

ko?
¿quién?

šta?
¿qué?

kako?
¿cómo?

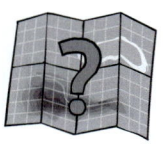

gdje?
¿dónde?

kada?
¿cuándo?

ime
el nombre

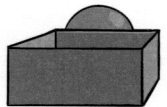

iza

detrás

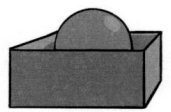

u

en

pred

delante de

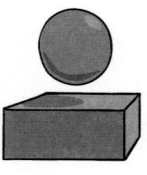

iznad

por encima de

na

sobre

ispod

debajo de

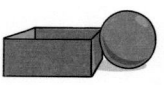

pored

junto a

između

entre

mjesto

el lugar